自分を守るクエスト

3 ソーシャル編

すずき出版

プロローグ

今これを読んでくれているきみは、
どんな気持ちでこの本を手にとってくれたんだろう。
ただ目にとまっただけかもしれないし、
もしかしたら、なにかとてもつらいことがあるのかもしれない。
いずれにしても、まずはこの本をひらいてくれて、どうもありがとう。
はじめまして。ぼくは、秋葉原というまちで
心のお医者さんをしている「ゆうすけ」といいます。

どうしようもなく苦しいことや、つらいことがあったとき、
ぼくたちはどうやって自分の心を守ったらいいのだろう。
そう考えたときに、ぼくは「ゲーム」の考え方がヒントになると思った。

生きることはゲームに似ているところがあると思う。
ピンチがたくさんあるけど、自分のチカラをレベルアップさせて
戦ったり、にげたり、大切なものを探しながら、乗り越えてゴールをめざしていく。

そんなふうに、きみたちがピンチのときに、役に立つかもしれない考え方や、
知っておいてほしいことを書いたこの本を
『自分を守るクエスト』と名づけようと思った。

クエストとは「冒険」という意味だ。
楽しいことばかりではなく、いやなこともいっぱいある。
苦しいことやむずかしいことがありすぎると、
「もう先に進めない」と思ったり、旅に出ることをやめたくなってしまうかもしれない。
ゲームのクエストがむずかしすぎるときは、
そこで一度自分の「レベルあげ」をして、もう一度挑戦したりする。
では、「生きる」というクエストがむずかしくなったとき、
どんなことのレベルをあげたらいいのかと考えたら、
つぎの４つが必要なんじゃないかと思った。

1	「はなす」	▶	自分の考えや気持ちをだれかに伝えるためのチカラ
2	「たよる」	▶	信頼できる人を見きわめて、その人に助けてもらうチカラ
3	「ちしき」	▶	自分の心をらくにするために必要な考え方や知識を学ぶチカラ
4	「にげる」	▶	自分の心や命を守るために、キケンからにげるチカラ

これらのチカラをレベルアップさせると、いろんなピンチに耐えられるようになる。
最初はレベルが低くてもいい。
どれも必要なときに使っていくことで少しずつ成長していくものだし、
そうすることで生きるための能力が大きくあがっていく。
ひとつのチカラだけで切り抜けていくことがむずかしいときもあるから、
できたら 4つのチカラ をバランスよく伸ばしていってほしい。
とくに「にげる」ことと「たよる」ことは、
自分だけではどうしようもないときに、どうしても必要になってくるから。

この本では、いろんなこまったシーンを紹介して、そういうときに
「どうしたらいいか」を問いかける内容になっている。
まずは自分ならどうするかを考えてえらんでみて。
そのつぎに、ぼくならどれをえらぶか書いておくよ。
問題に正しく答えられるかは、あまり大事なことじゃない。
この本で書いていることは、あくまでもぼくの考えなので、
きみにとっては合わないかもしれない。
「合わないな」「ちがうな」と思ったら、受けいれないことも大切なことだと思う。
それでも、きみがなにかを考えるきっかけになったり、
きみがかかえているむずかしいクエストのヒントになってくれたら、すごくうれしい。

ソーシャル編

3巻はソーシャル編だ。ソーシャルとは「社会」のことだ。社会に参加するとは、より広い範囲で、多くの他人と接することだ。それはきみにとって、こわいことかもしれない。
でも、学校や家庭に「息苦しさ」を感じているとしたら、そことはちがう「なにか」を得られる可能性もある。世の中にはいろんな人がいる。キケンもあるけど、きみの世界を広げてくれる出会いもある。だから、キケンをへらして、チャンスを広げられるような、社会とのつながり方を考えるきっかけにしてほしい。

もくじ

この本の使い方

この本は最初から順番に読んでもいいし、読みたいページから読んでもいいよ。読みたくないところは読まなくてもいいし、もし読んでいてつらくなったら読むのをやめても大丈夫だよ。

❶ ピンチのシーンを
設定しているよ！

❷ きみならどう
行動するかな？

❸ ゆうすけ先生が
えらぶ行動を
しめすよ！

❹ ゆうすけ先生がすすめる
入力コマンド（選択肢）だよ！

❼ さらにレベルをアップする
ためのヒントだよ！

❺ 入力コマンドのアクションを
具体的にしめしたよ！

❻ 「ぼうけんのスキルカード」や
「心をかるくするヒント」などのコーナーだよ

クエストとは……
ピンチに立ち向かう
冒険のことなんだ！

HPとは……
「ヒットポイント」の略で、
今の体力を表すよ。

自分を守るクエスト

PART 1

今日もゲームで徹夜しちゃった

ネットの友だちに会っちゃだめ？

ネットの悪口

SNSのやりとり、つらい……

わたしきらわれているのかも

ネット上で悪口をいわれた！

え！ なにこれ！
だれ、この人!?

SNSに投稿したぼくのコメント欄に、知らないアカウントから「ウザい」という悪口が書かれていた。

こいつ
マジウザい！

おまえ だれ？ バーカ

うぁぁぁ

☞ 1 そのアカウントに
悪口を書き返す

これ見て！

☞ 2 信頼できる人に
話を聞いてもらう

ログアウト

☞ 3 SNSからいったん
ログアウトする

ぼくならこれをえらぶ！ ☞ 2 信頼できる人に
話を聞いてもらう
☞ 3 SNSからいったん
ログアウトする

はなす
☞ たよる
ちしき
☞ にげる

まずは落ちつこう！

　SNSでの悪口は、だれが書いているかもわからないし、親しい友だちも悪口を書いているかもしれない……とこわくなってしまうよね。とくに、名前をかくした相手から攻撃されると、身近な人たちのことを疑ってしまったり、他人を信じ

られない気持ちがどんどん広がってしまうだろう。

インターネットの世界であっても、境界線は存在していて、そこをふみ越えてこられることは「暴力」になる。でも、SNSなどのインターネットの世界は、つねにみんなとつながりっぱなしで、いつだれが入ってくるかわからないから、境界線を守ることがとてもむずかしくなる。だから、いやだと思ったら、自分の意志で境界線を引いて、自分を守っていくことが必要になる。

SNSにログインするのをやめて、離れてみよう。そうすることで、いったんは相手を自分の境界線の外に追い出すことができる。「またなにか書かれているんじゃないか」と

> また悪口が
> 書かれているんじゃないかと
> 不安になるんだ。

不安で何度も確認してみたくなるかもしれないけど、その不安をだれかに聞いてもらったり、ノートにメモしてみるなどしながら、いったんは気分を落ちつけよう。

SNS上のみんなが見ているところで反撃のコメントをしたりすると、どんどん多くの人がいざこざに参加してきて、炎上してしまうかもしれない。反射的に動かずに、落ちついて行動することが必要だ。悪質な悪口が続いてこまるようであれば、大人と相談して、あとに紹介する相談専用の窓口や弁護士さんにたよってみよう。

| たよる レベルが あがった ▼ |
| にげる レベルが あがった ▼ |

レベルアップヒント

SNSの問題ではない「ネットいじめ」

こういうSNS上のトラブルは、SNSの使い方が問題というだけではない。もともとあった人間関係の問題が、インターネット上にもあらわれたんだ。

もし、きみが多くの人から一方的にいやなコメントをされていたり、ムシされているとしたら、それは「いじめ」で、きみがネットを見なければすむ、という話ではなくなってくる。きみがひとりでなんとかできるレベルを超えているから、かならずだれかに助けを求めてほしい。

> あいつ ウザい
> キライ
> どっか行け

SCENE
シーン
2

友だちから返事がこないと、どうしても不安になる

なんで返事こないの？

メッセージアプリで仲よしの友だちにメッセージを送って、返事がすぐにこないと、「おこっているんじゃないか」「きらわれているんじゃないか」と不安になってしまう。ほかの人には、「気にするな」といわれるけど、どうしても気になってしまう。

返事は？
おーい
ねてる？
？？？

☞①「返事して」など、何度も連絡する

わたしなにかしちゃった？

☞②心配なので「わたしなにかした？」と聞く

マンガ読もうっと。

☞③スマホをおいて気分転換をする

はなす
たよる
☞ちしき
にげる

ぼくならこれをえらぶ！ ☞③スマホをおいて気分転換をする

デジタルデトックスの時間をつくろう

きみは今、いわゆる「ネットづかれ」になっているんじゃないかな。インターネットでのコミュニケーションは、24時間つながっていて、制限がない。つながりたいと思ったら、いくらでもつながっていられる。そのことが、逆に「つながりを失ったらどうしよう」という不安をもたらしてしまうことがある。実際に、ＳＮＳを使っている時間が長いほど、心が不調になりやすい、といわれているんだ。

とり残されてしまう不安が強くなりすぎて、スマホを手ばなせなかったり、何度も確認してしまうとしたら、きみとＳＮＳの距離は近すぎると思う。

ネットとのつながりは「薬」にもなるし、「毒」にもなる。毒におかされてしまった状態になったら、「毒消し」が必要だよね。きみのようにネットづかれしてしまっている人が、あえてスマホやゲーム機などのデジタル機器を一切使わない時間をつくることで、毒から

見捨てられ不安

自分にとって大切な人から、少しでもきらわれたり、連絡が返ってこなかったり、そっけない態度をとられたりすると、「見捨てられてしまう」と強い不安を感じること。

もうだめだ。

きらわれた。

わたしのこといやになったにちがいない。

回復を図ることを「デジタルデトックス」という。デトックスとはまさに「毒消し」という意味だよ。きみには今、毒消しが必要かもしれないね。

きみが「つながり」の安心感を得られるのは、ネットだけじゃないし、特定のだれかからだけでもない。スマホをいったんおいて、外に出かけたり、本を読んだり、自然や動物とふれ合ってみたりして、ほかとのつながりを充実させてみるのはどうかな。

ちしき　レベルが　あがった　▼

「そこそこ理解してくれる人」をふやそう

「見捨てられ不安」が強いと、大切な人がちゃんと自分を思ってくれているか心配になってしまいやすい。でも、ひとりの相手とのつながりだけを得ようとしすぎると、その人だけに多くを求めすぎてしまって、おたがいに苦しくなってしまう。自分を100％理解してくれる人ってなかなかいないから、60％くらいの「そこそこ理解してくれる」たよれる人が、3人くらいいる、というのをめざしてみたらどうかな。

SCENE
シーン
3

べたべたした関係が苦手で SNSを見るのもつらい！

べたべたした関係が苦手で、友だちのひとりから10件以上SNSでメッセージがきているのを見てげんなりする。アプリをひらくのもつらい気持ちになってしまう……。

返事はあとでいーや！

1 仕方ないから返事をする

2 無理せず自分の距離感をたもつ

ゲームしよう♪

もうやめちゃえ！

ポイッ

3 アプリを削除する

はなす
たよる
ちしき
にげる

ぼくならこれをえらぶ！ ☞ 2 無理せず自分の距離感をたもつ

人間関係にも好きな「距離」がある

ぼくは②をえらぶと思う。もしかするときみは、他人と仲よくなりすぎることや、だれかと長い時間いっしょにいることに、息苦しさを感じてしまうのかもしれないね。でも、それは悪いことでも、きみが「つめたい人間」ってことでもない。きみが安心できる他人との「距離」が、その友だちとはちがうっていうだけだ。だから、その友だちに、きみができることとできないことをしっかりと伝えることが

境界線を守る対等なつき合いになる。

　ゲームに出てくるいろんな武器に得意な「距離」があるように、人間関係にも好きな「距離」というのがある。それは人それぞれちがうんだ。まずは、自分はどんな「距離」が安心するのか、そのタイプを知ろう。きみが「遠距離タイプ」で、友だちが「近距離タイプ」だと、おたがいに苦しくなりやすい。その子とこれからも友だちでいたいと思うなら、おたがいの距離感のちがいについて話してみるのもいいかもしれない。

わたし、ひとりですごす時間も好きなの。だから返事が遅くなることもあるよ。

そうなんだ！

はなす　レベルが　あがった ▼

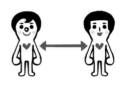

遠距離タイプ

べたべたしたり、人にたよるのは好きじゃないタイプ。ひとりの時間が大事で、仲がよすぎる関係は息苦しくなって、ときどきリセットしたくなる。

中距離タイプ

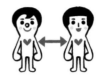

人と仲よくなったり、たよったりたよられたりすることに抵抗がなく、適度な距離をとるタイプ。

近距離タイプ

なるべく相手と近くにいて、大切にされているかをつねに確認したいタイプ。まわりの反応に敏感でよく気がきくけど、きらわれないかどうかをすごく気にしてしまう。

レベルアップヒント

「距離」のタイプは、変わっていく

　人との距離が近いことを「親密」という。人と「親密になること」には、めんどくさいことがいっぱいつきまとう。距離が近いといやでも影響を受けることが多いし、もやもやすることもふえるだろう。自分を守るために、遠距離の関係を守っていくことは、大事なことだ。「親密さ」がこわい、という人は少なくないから、不安にならなくていい。

　とくに、遠距離タイプの人は、人にたよらず、基本は自分でぜんぶなんとかしたいタイプだ。でも、あたりまえだけど、人はひとりでは生きていけない。ゲームでも、ソロ（ひとり）プレイでは攻略できない強い敵を倒すには、チームプレイが必要になる。

　この先の人生のどこかで、きみが「親密さ」について深く考えるタイミングがあるかもしれない。じつは、自分の「距離」のタイプは年齢や出会う人との関係で変わっていくものなんだ。ソロプレイもチームプレイも楽しめるようになれたら、きみのクエストはよりゆたかで楽しいものになるかもしれないよ。

SCENE シーン 4

オンラインゲームで知り合った同級生の女の子に会いたい！

オンラインゲームで知り合った同い年の女の子から、実際に会おうと連絡がきた。ネットで知り合った人に会うのはキケンだっていわれているけど、どうしても会ってみたい。

今度いっしょに遊びに行かない？

どこ行くの？

コンビニだよ。

☞ ① 家族にはないしょですぐに会いに行く

どうしても会いたいからついてきて。

☞ ② 親につきそってもらい、会いに行く

どこに住んでるの？わたしは△△市だけど近い？

☞ ③ どこに住んでいるか聞いて、近所なら会う

はなす
☞ たよる
☞ ちしき
にげる

ぼくならこれをえらぶ！ ☞ ② 親につきそってもらい、会いに行く

ネットはかんたんにウソをつけることを忘れずに

　学校では、ネットで知り合った人にひとりで会うのは絶対だめ、といわれるだろう。もちろん、ひとりで会うことはすすめられないと思う。でも、もしぼくが、「本当に居場所がない」と感じていたら、たとえキケンがあっても、そのつながりにひとすじの希望を見出してしまうかもしれないとも思う。だから、どうアドバイスしていいかわからない、というのがぼくの正直な気持ちだ。そのうえで

ぼくが思ったことを、書いていくね。

たとえば同じゲームという趣味をもった人どうし、盛りあがれたり親しくなれたりしたらうれしいよね。たしかにネットでのつながりは、顔が見えなくてキケンなところもある。でもネットのつながりで会った人が、自分のことを深く理解してくれる存在になることも、実際にある。だから、ネットでつながることが絶対によくないことだとは、ぼくには思えない。

でも、キケンに対してなにも対策しないのはよくない。ネット上のアカウントは、性別や年齢、住所などかんたんにウソをつける。同級生といっているけど、悪い人が、きみをだましている可能性だってある。相手が自分の家や、人目につかないところで会おうとさそってきたら、あやしいと思おう。まずは、これまでのやりとりで、本当にキケンがないかを、見直してみよう。

自分で判断できなかったら信頼できる

大人にどう思うか相談するのもいい。いきなり直接会うんじゃなくて、ビデオ通話で話してみるのもいいと思う。

会うときも、なるべくひとりでは会わずに信頼できる大人といっしょに会おう。少しでもおかしいなと思ったらすぐににげられるように準備しておくなど、細心の注意をはらっておこう。

たよる　レベルが　あがった　▼
ちしき　レベルが　あがった　▼

レベルアップヒント

ネットのつながりとリアルなつながり

ネットのつながりだけでできた友だちがいる、というのは、今やまったくめずらしくない時代だ。「どうしても会いたい」という気持ちがあるということは、オンラインでいろんな話をしたりして、その子のことが大事な存在になっているんだろう。むしろ、近くにいて顔や名前がわかっていると話せないよう

会ったことないけど、この子になら悩みを話せるなぁ。

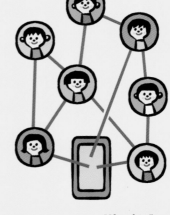

なことも、ネットの友だちに話せたりすることもある。しゃべるのが苦手だから、会って話すよりも、文字だけのやりとりをするほうが気がらくだという人は多い。ネットでのつながりが、リアルのつながりよりも、心の距離として「ちょうどいい」と感じることもあるだろう。

たしかに、ネットの世界にはキケンが多い。でも、それをしっかり見抜くチカラを身につけて利用すれば、ネットの中に「自分の居場所」をつくることはできると思う。

どうしてもゲームが やめられない！

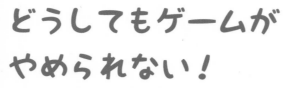

ゲームがすごく好きで、どうしてもやめられずに夜ふかししてしまう。休みの日は朝までやっていることもある。ゲームをしているときは楽しいけど、それ以外のことはぜんぜん手につかなくてこまっている。

☞ **1** あきるまで ゲームをし続ける

☞ **2** 親といっしょに ルールをつくる

☞ **3** ほかの楽しいことを 一度ためしてみる

はなす

☞ たよる

☞ ちしき

にげる

ぼくならこれをえらぶ！ ☞ **2** 親といっしょにルールをつくる
☞ **3** ほかの楽しいことを 一度ためしてみる

ゲームとのつき合い方を変えていく

　ぼくもゲームが大好きだから、その気持ちはいたいほどわかる。わかりすぎる。ゲーム以外に楽しいことがない、とか、オンラインゲームのつながりが、「自分の居場所」だ、と思っている人もいるだろう。ぼくも、『スプラトゥーン2』を3000

時間以上プレイしていて、それでもまだあきる気配がない。いくらでも時間をつぎこんでしまえる、ものすごい魅力がある。だから、その魅力に耐えないといけないみんなは大変だと思う。

ゲームが「心の安らぎ」であることは悪いことじゃない。でも「ゲームしか安らげるものがない」ということなら、それはきみの心にとってはあやうい状態だと思う。たよれるものがひとつしかないと、「依存」が生まれてしまうキケンが大きい。

依存とは、やめたいと思っていても、やめられなかったり、ほかのことに手がつかなくて生活にこまりごとが出ている状態。依存のおそろしいところは、のめりこみすぎることによって、その人の生活や、人間関係がこわれていってしまうことだ。

きみが今、ゲームをやめられないことで、学校のことができなかったり、親との関係が悪くなったり、体調が悪くなってこまっているとしたら、それはゲームとのつき合い方を

あと少しだけ。

待って！

ごはんよ。もうやめなさい。

ぼくのゲームルール

- 自分の部屋にはもちこまず、充電はリビングでする
- 1日50分を2回、かならず15分以上の休憩を入れる
- 50分で終わりにできたら、つぎの日はプラス10分
- 時間は自分でタイマーで計る
- 時間オーバーや不正が2回あったら、3日間使用禁止

プレイヤー

審判

時間オーバーだよ！イエローカード。

ピキュピコ

ビシ！

変えていく必要があると思う。そのために必要なのは、ルールをつくることだ。

ただ時間を短くするのではなく、きみ自身が時間をコントロールできるチカラを身につけられるようなルールを、親とつくることが必要だ。ゲームの魅力は強すぎるので、子どもひとりではルールをあまり守れないだろう。だから親という「審判」をおいて、自分がルールを守っているかをきびしく判定してもらおう。

たしかにゲームは楽しい。あまりに楽しすぎる。でも、この世界には、ゲーム以外にも楽しめるものがいっぱいある。自分が楽しめるものを見つけるチカラは、きみのクエストをとてもらくにしてくれる。つぎのページで、それを見つけるヒントを紹介するね。

ゲーム障害

ゲーム障害とは、ゲームによって起こる「心の病気」のこと。ゲームする時間をコントロールできなかったり、日常の生活よりもゲームを優先したり、プレイできないとイライラや不安が出てひどいことをいう、といった症状が続く。「ゲーム障害」にならずにゲームとうまくつき合っていくために、自分がどんな「ゲーマーのタイプ」なのかを知ることがヒントになると思う。ゲーム研究者のリチャード・バートルという人が、人がゲームをプレイするときにどんな楽しみを求めているかを、大きく4つに分けたんだ。その4タイプを紹介するね。

勝ちたい！

キラータイプ

ほかのプレイヤーとの戦いに熱心で、戦いに勝つことや、自分のワザを見せつけたりすることが好きなタイプ。

達成したい！

アチーバータイプ

ゲームの中の世界で、ひとりでコツコツと最大までレベルあげしたり、アイテムをコンプリート（ぜんぶ集めること）したりして、達成感を得るのが好きなタイプ。

単独行動

他プレイヤーに関心　　**ゲーム自体に関心**

集団行動

つながりたい！

ソーシャライザータイプ

ゲームそのものよりも、ゲームを通してほかの人とつながって協力したり、自分のつくったキャラや世界を見せ合ったりするのが好きなタイプ。

探検したい！

エクスプローラータイプ

ゲームの中の世界観にどっぷりハマり、自分の「好奇心」のおもむくままに世界のすみずみまで探検して、謎をといたり、わかった情報をほかのプレイヤーと分かち合うのが好きなタイプ。

ゲームの中で好きなことは、リアルの世界でも好きなことだ。ゲーム以外でも自分の好きなことを見つけて育てていくために、自分のゲーマータイプを参考に、リアルな世界での「趣味」をふやしていこう。

キラー
ほかの友だちと競争できるもの（個人競技、将棋など、勝ち負けを楽しめるものなど）

アチーバー
ひとりでコツコツ達成できるもの（カード集め、英検などの資格をとる、プログラミングなど）

ソーシャライザー
まわりとのつながりを得られるもの（ボランティア、下級生のお世話など）

エクスプローラー
自分の好奇心を満たせたり発見があるもの（謎ときや、本を読むことなど）

ゲームにのめりこんでしまうことの裏側に、とても大きな不安がかくれていることがある。もし、つらいなにかからにげたくてゲームにハマっているとしたら、そのことについてだれかと話したりして、不安を小さくすることが、もっと大事なことなのかもしれない。

たよる　レベルが　あがった ▼
ちしき　レベルが　あがった ▼

その病気、ストレスが関係しているかも！

　子どもは、心と体をつなぐネットワークである「神経」がまだ発達の途中で、ストレスによるいろいろな体の反応が起こりやすい。

　心のストレスが関係して起こる体の病気のことを「心身症」というんだ。つぎのようなこまりごとがくり返し起こっているとしたら、きみの心はダメージを受けて、追いつめられている可能性がある。

❶反復性腹痛

　くり返し、おなかがいたくなる。低学年に起こりやすい。いたくなるだけで、吐き気や下痢はないことが多い。

❷気管支喘息

　息をする通り道がせまくなり、呼吸が苦しくて、「ゼーゼー」「ヒューヒュー」という音が鳴ったりする病気。ダニや家の中の見えないホコリ、気温が下がることでも起こるけど、ストレスが原因で起こったり、悪くなったりすることも多い。

❸心因性嘔吐

　ウイルス感染などの明らかな原因がなく、ストレスが原因で吐き気が起きてしまう。不安や緊張を感じる場面から離れると、治る。おなかの痛みや便秘・下痢はないことが多い。

❹蕁麻疹

　虫さされのようなふくらみが肌に出てとてもかゆく、かくとボコッとはれる。ダニや食べものなどのアレルギーや、汗や衣服のこすれなどで起こることもあるけど、ストレスやつかれによって起こるものも多い。

❺非器質性視力障害

　検査をしてもとくに異状はないのに、ものが見えにくかったり、ゆがんで見えたり、二重に見えてしまう。視力が下がることもある。10歳くらいの女の子に起こりやすいといわれている。

❻摂食障害

　体重や体形のことが気になりすぎて、うまく食べることができなくなってしまう病気のことをいう。大きく分けて、「食べられない」のを「拒食症」、「食べすぎてしまう」のを「過食症」という。過食症の中には、食べすぎたものをわざと吐く「食べ吐き」をしてしまうタイプもある。小学生では拒食症のほうがよく見られ、ダイエットや体形の悩みがきっかけになることが多いけど、ストレスなども複雑にかかわっていて、とくに心のケアが必要な病気なんだ。

　ほかにも、明らかな原因がないのに、耳が聞こえなくなったり、熱が出たり、かみの毛が抜けてしまったりなど、心の悩みによっていろんなことが起こるんだ。病院に行っても、原因がわからないといわれたら、それは「心身症」かもしれない。体の症状にかくれた心のつらさに、まずは自分で気づいてあげよう。

ちょっとひといき ゆうすけ先生の魔法のじゅもん

なにかショックなことやつらいことが起きたとき、頭の中で自分に「魔法のじゅもん」をかけるようにすると、それが「コーピング（→1巻33ページ）」になって心を落ちつける助けになるよ。参考のために、ぼくがよく使っている「じゅもん」を紹介するね。

「逆に、おもしろい」

絶望するようなヤバいときに、よくお世話になっているこのじゅもん。少し笑いながらとなえると、なかなか味が出る。どんなピンチのときでも、深刻になりすぎないで、どこか楽しんでやろうという気持ちがなんか出てくるんだ。

「落ちつけ。まだあわてるような時間じゃない」

これは、マンガ『SLAM DUNK』に出てくる仙道という登場人物のセリフからヒントをもらったじゅもん。すごくあわてるようなことが起きたときでも、両手を下に向けて仙道がこのセリフをいっているのを想像すると、けっこう落ちつきをとり戻すことができるよ。

「まだ4章だ」

すごく大きな失敗をしてとり返しのつかないような気持ちになったとき、このじゅもんをとなえると、「自分のものがたりはまだ途中なんだ」ということに気づくことができる。どんなひどい状況からでも、「その先のこと」を考えるのを助けてくれる。

「ラーニングした！」

「ラーニング」とは「学び」という意味で、ゲーム「ファイナルファンタジー」に出てくる青魔道士という職業の特技だ。青魔道士は、敵のワザを食らってそのワザを覚えることで強くなる。それと同じように、人はいろんな悲しみや痛みを知っているほど、人間として深みがますんだ。どんなつらいことがあっても、その経験からなにを学んだかに注目することは、生きるうえですごく大きな助けになる。

自分を守るクエスト

PART 2

たたかれた

恋バナ、つらい

どうして
がんばらなくちゃ
いけないんだろう

大好きな
人との別れ

万引き、だめと
わかっているけど……

みんなが使ったものを そのまま使うのがいやだ

SCENE シーン 6

クラブチームでは、ビブスをみんなで使いまわす。ほかの人が使って汗でしめっているものでも、そのまま使わなくてはいけないのがすごくいや。でも、それをいうと、「仲間の汗なのに、いやがるなんてどうかしてる」といわれた。

☞ ① 仲間は大切なので がまんする

コーチ。

☞ ② クラブのコーチに 話してみる

気にしないで 練習だ！

☞ ③ 気にしないように 自分にいい聞かせる

☞ はなす

たよる

☞ ちしき

にげる

ぼくならこれをえらぶ！ ☞ ② クラブのコーチに話してみる

人はそれぞれラインをもっている

なにが「清潔」で、なにが「不潔」と感じるのか。この「清潔・不潔」の感覚は、人によって大きくちがうんだ。

人の汗や、食べかけのものがいやだったり、みんながさわるものを自分がさわるときに気になってしまう、という人もいるだろう。新型コロナの時代になってから、この「清潔・不潔」の感覚のちがいは、より注目されるようになったと思う。

どこまでが「清潔」でどこからが「不潔」かの、絶対的な正解はなくて、それぞれ見えない「ライン」をもっている。こういう見えないラインを理解してもらおうとすることはとてもむずかしいけど、トライすることで「はなす」チカラはすごくきたえられると思う。理解してもらえるかどうかはわからないけど、まずはクラブチームのコーチに「つらい」ということを相談してみるのはどうかな。

　大人の中にも、汚れていないかどうかが気になりすぎて、すごく長い時間手を洗い続けたり、手すりやつり革が不潔なのがこわくてさわれない、という人がいる。そのように生活にこまりごとが出てきているなら、それはストレスが原因の「病気」のおそれがある。お医者さんと相談してみよう。

みんながきらいとかじゃないけど、どうしても人の着たものは苦痛なんです。

フムフム

```
はなす　レベルが　あがった　▼
ちしき　レベルが　あがった　▼
```

レベルアップヒント

清潔・不潔ってなんだろう？

　不潔なものを遠ざけるということは、病気などから命を守るというプラスの面もある。でも、医学や保健衛生の観点の「清潔・不潔」と、それぞれの人が心の中にもっている「清潔・不潔」の感覚はまったくちがうってことを、心にとめておいてほしいんだ。

　じつは、なにが「清潔」なのか、というのは、とてもむずかしい問いだ。たとえば、バイキンを「不潔」と思う人は多いかもしれないけど、人間には100兆を超える細菌が住みついている。「不潔」な部分をもっていない人間はいない。それに、心の中

手すりにさわるのになれよう。

にある「不潔」という感覚は、「差別」にすごく近いところにあるんだ。

　「不潔」なものをさければさけるほど、それがどんどんこわくなって自分の生活する範囲をせばめたり、他人を遠ざけたりすることにもつながる。それは、かえってきみをつらくさせることになるかもしれない。

　「やったほうがいい」というわけじゃないけど、心の中にある「不潔」の感覚は、ものにふれてなれていくことによって小さくなるということは頭のかたすみにちょっとだけ入れておいて。

じゃぐちさわるのやだな。

クラブチームのコーチに たたかれた！

ヘタクソ！ シュートは死んでも決めろ！

サッカークラブの練習試合でミスをしてしまい、試合のあとにみんなの前でどなられて、頭をたたかれてしまった。

ゴンッ

すみません。

☞ 1 コーチは絶対なのでがまんする

じつは……。

うんうん

☞ 2 信頼できる大人に相談する

サッカーやめたい。

☞ 3 つらいのでチームをやめる

ぼくならこれをえらぶ！ ☞ 2 信頼できる大人に相談する

☞ 3 つらいのでチームをやめる

はなす
☞ たよる
ちしき
☞ にげる

きみにはそれを拒絶する権利がある

きみが受けたのは「体罰」というものだ。体罰とは、なにかを教えたり、わからせることを目的に、ふるわれる暴力のことだ。今、体罰は法律で全面的に禁止されている。むかしは、学校でも体罰が行われていたし、今でも「指導やしつけ

のために体罰が必要だ」といっている人はいるけど、それはまちがいだ。

「注意されても聞かなかったら、ほっぺたをたたかれた」「約束をやぶってしまったから、長い時間正座をさせられた」「友だちをたたいてしまったので、罰としておしりをたたかれた」。

こんなふうに、たとえきみが悪いことをしてしまって、おしおきとして行われたことであっても、それは「体罰」になる。自分のよくなかった点について反省をすることは大切だ。でも、それはきみが暴力を受けていい理由には絶対にならないから、分けて考えてほしい。暴力からは身を守ることが必要だ。

指導やしつけとは、子どもの能力や才能を

伸ばして、社会の中で自立して生活できるような力を与えるために、支えたり必要なことを教えることだ。みんなに迷惑になることをしたら、「それはだめ」と教えることも必要だ。でもそこに暴力は必要ない。体罰は子どもの発達や成長に悪い影響を与えることが明らかになっている。だから、体罰は「しつけ」ではない。それがわかっている今の時代には、あってはならないことだ。

きみにはそれを拒絶する権利があり、その方法があることを覚えておいて。暴力のある場所からはにげてもいいし、おかしいと思ったらまわりの大人に相談してみよう。

ぼうけんのスキルカード

それ、暴力やで！

暴力の天使

気づかないうちに支配や暴力を受けているとき、それを教えてくれる守護天使。

> たよる レベルが あがった ▼
> にげる レベルが あがった ▼

レベルアップヒント

暴力による「支配」をふせぐために

暴力は、人を「支配」することにも使われる。暴力のある環境になれてしまうと、きみはそれに逆らう力がうばわれていき、相手のいいなりになってしまうようになる。きみも、それがあたりまえのことだと思ってしまうようになり、おかしいことだとなかなか気づけない。そうならないために、なにが暴力なのかを知っておく必要がある。

なぐったりけったりすることだけが暴力ではない。大声でどなったり、ひどいことをいったり、ものをこわしたり、耐えられないトレーニングを強制することも、ぜんぶ暴力だ。

どんな指導やしつけが「暴力的」「支配的」なのか。それを「知識」として知っておくことは、きみが支配から身を守るためにとても大事なことだと思う。

SCENE シーン 8

親せきのおじさんにさわられた！

いつもはやさしい親せきのおじさんが、お酒を飲んで酔っぱらって、部屋で寝ているわたしの布団に入ってきて体をいっぱいさわってきた。でも、「だれにもいっちゃだめ」といわれたし、すごくいけないことのような気がして、はずかしくて、どうしたらいいかわからない。

こんばんは。
いらっしゃい！

☞ ① 悪い人ではないのでがまんする

あの……。

☞ ② 信頼できる大人に相談する

なにもされてない！
べつになにも起きてない。

☞ ③ なかったことにする

はなす
☞ たよる
☞ ちしき
にげる

ぼくならこれをえらぶ！ ☞ ② 信頼できる大人に相談する

すぐに心のケアが必要だ

　どうか落ちついて、聞いてほしい。きみが受けたのは「性的な虐待」というものだ。虐待の中でも、もっとも心に深く傷を負わせるものだ。おじさんがきみにしたことは、絶対に許されないことなんだ。

　頭にかみなりが落ちてきて、世界がくずれるような、そういうショックがあるだろうと思う。自分がなんでこんな目にあわないといけないのか、まったくもってわ

24

からないだろう。あまりにもわけがわからないので、自分がなにか悪いことをしてしまったのではないかと思ってしまうかもしれない。でも、きみはなにひとつ悪くないんだ。

きみがされたことをだれかに伝えることは、とてもこわいことだと思う。話したことで、家のみんながどうなってしまうかわからない。家族のだれかに話しても、信じてもらえないかもしれない。でも、どうかひとりでかかえこまないでほしい。それをひとりでかかえていることは、とてつもなくつらく、心細いことだろう。そのまま、心が勝手に記憶にフタをして、忘れ去ってしまおうとすることだってある。でも、忘れようとしてもそのできごとの衝撃は、きみの心の奥底にひそんで、よくわからない恐怖としておそいかかってきたりする。大人になっても、わけのわからない苦しみが続いてしまうこともある。

だから、今のきみには、絶対に同じことが起こらないような安心できる場所と、きみが心に受けた傷を治していくための、専門的なケアが必要だ。ちゃんとしたケアにつながるために、どうか、まわりの大人に助けを求めてほしい。家族に話すのがむずかしかったら、学校や保健室の先生、児童相談所でもいい。きみの心はとてもキケンな状態で、一刻も早いケアが必要だということをわかってほしい。

読むのがつらいと思うけど自分を守るためのヒントになるはずだから、これからきみに起こるかもしれないことも、伝えておきたいと思う。大災害や虐待など、おそろしい体験をしたときに受ける心の傷のことを「トラウマ」という。トラウマがあると、体と心にさまざまな反応が起こるんだ。

トラウマが、考えに影響すること

安心感が消滅する

あまりにショックなできごとであるため、まわりの人たちや世の中すべてに対する信頼感や安心感をなくしてしまう。前向きな気持ちが失われ、不安や恐怖、怒りの気持ちをかかえるようになりやすい。

「トラウマによるきずな」が生まれてしまう

虐待を受けた子どもが、自分を救ってくれないほかの大人よりも、自分の命に直接かかわる虐待者の味方になったり、かばおうとしたりする。そうやって、ひどいことをされている現実から目をそらし、なんとかして自分の心を守ろうとする必死の反応なんだ。

「自分のせいだ」と考えてしまう

トラウマを受けた子どもは、「こんなひどいことが、なぜ自分に起こったのか」という理由を探そうとする。でも、その理由を見つけることはむずかしい。だから「自分がいけなかったから」「自分がはずかしい存在だから」などの考えをもつようになり、「はずかしさ」や「無力感」といった気持ちでいっぱいになる。とくに、性的な虐待を受けたときには、性についての考え方も大きく影響を受けてしまうことがあり、大人になってから性的にあやうい行動をとってしまうことも多い。

こうした反応によっても、きみに起こったできごとをだれかに話したり、人を信頼して相談することが、むずかしくなってしまうことがあるだろう。また、心の傷つきがとても大きいできごとがあったあとにはじまって、日常生活を送るのがむずかしくなるような、いろんな心と体の症状が出る。これが長く続くことを、「PTSD（心的外傷後ストレス障害）」という。

つぎのページで紹介するようなつらい症状が出てきているかもしれないけど、それはおかしいことではない。かつて、戦争から帰ってきた人にも、こういうことがいっぱい起こっていたんだ。けっしてきみが「異常」なのではなく、受け止めきれないくらいショックで「異常」なできごとを受けた人に起こる、「正常」な反応なんだ。

ＰＴＳＤの症状について……

❶ フラッシュバック

こわいできごとの記憶が、思い出そうとしていないのに、くり返し頭の中で思い出されること。そのときのつらい気持ちや痛みなどもいっしょに再生される。悪夢（いやな夢）として出てくることもある。

❷ 回避

こわいできごとを思い出してしまうような人や場所のことがこわくてにげたくなり、さけてしまう。そのことを思い出したり話したりするのもこわくなって、さけるようになる。さければさけるほど、こわく感じる対象は広がっていきやすい。

たとえば、交通事故のトラウマで車に乗れなくなったり、交通量の多い道路を歩けなくなったりするなど。

❸ 過覚醒

こわい気持ちが続き、身のまわりのことを細かく気にするようになって、落ちつかない。不安やイライラを感じやすく、心がぴりぴりとずっとはりつめていて、眠れないし、おなかもすきにくくなる。（2巻34ページの「ほのおのモード」に入っている。）

❹ 解離

ぼんやりして、今ここで現実を生きている感覚がうすくなる。自分なのに自分じゃないみたいな感じがして、心が動かない。「気がついたら見覚えのない場所にいる」「ノートに書いた覚えのないことが書いてある」など、記憶があいまいになったり、なくなったりする。（2巻34ページの「こおりのモード」に入っている。）

どうしたらいいか
わからないんです。

| たよる レベルが あがった ▼ |
| ちしき レベルが あがった ▼ |

トラウマのことについて知ることも、きみの心のケアにかならず役に立つ。信頼できる病院がつくった、子ども用の資料も紹介しておくから、よかったら読んでみてほしい。

ぼうけんのアイテム

「こころとからだのケア
～こころが傷ついたときのために～」
子どもの心の診療ネットワーク事業
中央拠点病院
国立成育医療研究センターこころの診療部、
子ども用資料

https://www.j-hits.org/_files/00106856/1_
1kokorotokarada.pdf

トラウマのことにくわしい先生がつくった、子どもでも読みやすい資料。心が傷つくようなショックなできごとがあったときにぜひ目を通してみてほしい。

SCENE シーン 9　しあわせになるのが、こわい

もう帰りたい。

ずっとあこがれていたテーマパークに、連れていってもらえることになった。でも、ついた瞬間に、急になんだかこわい気持ちになってしまって、早く帰りたくなってしまった。ほかにも、すごくかわいい服やすてきな文房具を見つけて、「ほしいな」と思っておこづかいをためたり、買ってほしいとお願いしたりするけど、本当に手に入りそうになると、「もったいない」「わたしには似合わない」と思って、やめてしまうことが多い。なんでそんなふうに思ってしまうんだろう。

まあいいや。

☞① とりあえずほうっておく

☞② なにがこわいのかを考えてみる

どうせほしくなくなるし！

☞③ 「行きたい」「ほしい」と思わないようにする

はなす
たよる
☞ ちしき
にげる

ぼくならこれをえらぶ！　☞② なにがこわいのかを考えてみる

「自分はしあわせになっちゃいけない」という気持ちは、少しずつ手ばなせる

　きみは、なにかいいことがあると、すぐに「どうせよくないことが起こる」という恐怖がわいてきたり、いいことをしてほめられても、うれしい気持ちよりも、「ああ、つぎもがんばらないと」という苦しい気持ちのほうが大きかったりしないかな。「しあわせがこわい」「いいことがあると、おそろしくなる」と感じる人はきみだけじゃない。しあわせになることについて「おそろしさ」を感じることは、めずらしくない。

じつはしあわせになったとしても、それを失ってしまうことのつらさに耐えられそうにないから、しあわせになりそうなものを遠ざけようとする、そういう「守り」の反応があるんだ。これをぼくは「しあわせバリア」と呼んでいる。それはきみが本当にほしいものだったり、手に入れるのに苦労するものであるほど、強くはたらくんだ。

そして、大切なものをいきなりうばわれたり、しあわせな気持ちでいるときに急に絶望的な気持ちにさせられるような経験が多い人ほど、この「しあわせバリア」は強くはたらくようになる。いいことよりも、つらいことのほうがずっと多いとき、人は自分にいいことが起こるという「希望」をもちにくくなる。「しあわせバリア」は、ある意味で、きみを「絶望」から守ってくれているんだ。

ほしいけど 買ってもらうのは こわい

今、しあわせバリアがはたらいているな。

ほめ言葉　楽しいこと　うれしいこと

でも、この先ずっと「しあわせバリア」をもち続けなくてもいいんだ、ということは覚えておいて。大人になるにつれて、きみはきみのやりたいことをやったり、ほしいものを手に入れられるようになっていく。本当の気持ちにフタをしなくても、大丈夫なくらい強くなっていくんだ。そのときに、「しあわせバリア」は、きみにとってマイナスにはたらいてしまうかもしれない。

まずは、自分の気持ちをありのままに、受けいれてみよう。「あのかわいい服がほしいな」という気持ちと、「手に入れるのがこわいな」という気持ちがいっしょにあってもいいんだ。「今『しあわせバリア』がはたらいているんだな」と気づくだけでいい。

ちしき　レベルが　あがった ▼

レベルアップヒント

小さな「しあわせ」になれていこう

大きなしあわせは、こわいかもしれない。だから、まずは小さなしあわせになれることからはじめよう。「あの花がきれいだな」とか「あの文章、すてきだったな」とか、心がプラスに動いたときに、そのことを書きとめたりしてみよう。そうすることで、「しあわせになることのこわさ」は、少しずつへっていくよ。

悪いとわかっているのに万引きがやめられない

なんだか毎日イライラしてしまい、万引きをしたらなんとなく気持ちが落ちつく気がした。それから、悪いことだとわかっていながら、何度か万引きをくり返してしまっている。

☞ **1** 万引きするけど、つぎの日こっそり返す

聞いてください。

☞ **2** 信頼できる大人に相談する

キョロ キョロ

☞ **3** つかまるまで万引きを続ける

ぼくならこれをえらぶ！ ☞ **2** 信頼できる大人に相談する

はなす
☞ たよる
☞ ちしき
にげる

だれもが闇をもっている

万引きがやめられない、やめたいと思っているのにまたしてしまう、というのが続いているのであれば、きみは「依存」状態になっているといっていい。もちろん、万引きは悪いことだし、きみもまわりも傷つくから、やめたほうがいいのはいうまでもない。いや、そんなことはきみがいちばんわかっているかもしれないね。でも、きみを万引きという行為に走らせるものは、一体なんだろうか。

話してくれてありがとう。

万引きをする子は「まじめな子」が多い、というと、おどろくだろうか。なにかをすることに依存してしまう病気は、ほとんどストレスが原因だ。受験勉強や家庭の問題に追いつめられて、つい万引きをしてしまうという子は少なくない。今のきみも、だれにもいえないような苦しい気持ちをかかえているんじゃないかな。そうだとしたら、その気持ちをだれかに理解してもらえると、いくらからくになれると思う。

いい子でいることにつかれてしまっているとき、きみの中にいる「悪い子」が、きみに万引きをさせてしまう。そういうこともあるのかもしれない。万引きじゃなくても、人にいえないようないけない本や残酷な動画を見たりすると、「ほっとする」という人もいる。

どんな人間の心にも「光」と「闇」がある。でも「闇」の部分をだれにもバレないようにずっとおさえようとしていると、本当の自分がだれだかわからなくなって、苦しくなる。だから、「悪いこと」をして、バランスをとろうとしているのかもしれないね。それは、少しもおかしいことじゃない。

自分でも「なんでこんなことをしてしまっ

心をかるくするヒント

行為依存

「行為依存」とは、なにかの「行為」から得られる刺激や安心感にのめりこんで抜けられず、生活にこまりごとが出てきてしまう状態のこと。万引きだけでなく、ゲームや、薬物、SNSなどでも起こるよ。

たんだ」「なぜこんな気持ちをもってしまうのだろう」と思うようなことがあるかもしれない。でも、人間の心というものは、ぼくたち自身が想像もできないほど深く広がっていて、ぜんぜん思いどおりにならないものなんだ。

ぼくの大好きな『ドラゴンクエストⅢ』というゲームのラスボス大魔王ゾーマは、倒されたあとにこんなセリフをいう。

「ゆうしゃよ……。よくぞ わしを 倒した。だが 光あるかぎり 闇も また ある……。」

魔王のセリフだけど、心ひかれるものがあって、ぼくはこの言葉が好きなんだ。

大事なのは、きみの心に「闇」の部分があるからといって、きみの存在すべてが「悪」だというわけではない、ってことだ。「100％のいい人」も、「100％の悪い人」もこの世にはいない。だから、完全な「光」の人間になろうとしなくていい。むしろ、多少の「闇」があるのが人間としてあたりまえなんだと思う。その闇の部分をみとめて、心の中に居場所をつくっておいてあげてもいいんじゃないかな。闇の部分があったとしても、きみはきみだ。

たよる レベルが あがった ▼
ちしき レベルが あがった ▼

SCENE シーン 11 好きな人がいないのは おかしいこと？

わたしは
リョウスケくんが好き！

ソウタくん
かっこいいよね！

へー……。

学校でも塾でも、まわりの友だちは恋バナばかりでうんざり。自分に好きな人はいないし、興味がない。でも、それをいうときらわれてしまいそうで話を合わせているけど、おしゃべりの時間が楽しくない。好きな人がいないのはおかしいこと？

そういう話
わかんないんだー。

☞ **1** 自分の気持ちを
はっきり伝える

ツヨシくん
好きかも……？

キャー！

☞ **2** 適当に好きな人を
つくってみる

ちょっとトイレ〜。

☞ **3** 無理に話さず、
その場を離れる

☞ はなす
 たよる
☞ ちしき
 にげる

ぼくならこれをえらぶ！ ☞ **1** 自分の気持ちをはっきり伝える

☞ **3** 無理に話さず、その場を離れる

恋愛をしないタイプの人もいる

　大人に近づくにつれて、だれかのことを特別に好きになったり、「カレシ」「カノジョ」をつくりたいと思う気持ちがあらわれる人はふえていく。でも、その気持ちが芽生えていくタイミングは人によってバラバラだから、今きみにそういう気が起

こらないのはまったくおかしいことじゃない。

　友だちとして好きというのと、恋愛の好きというのはちがう。恋愛は、相手を大切に思う気持ちに「もっとふれ合いたい」「キスがしたい」というような気持ちやドキドキが混ざってくる。この気持ちの性質のちがいを知ることは大事なことだと思う。

　中には「恋愛の好き」という気持ちが起こらない人もいる。そういう人たちのことを「アロマンティック」と呼ぶよ。性の多様性をしめす「LGBTQ」という言葉やいろんな性のあり方が知られるようになってきているけど、この「アロマンティック」はまだあまり知ら

性も いろいろ

男の子を好きになる

男の子を好きになる

好きになるのに性別は関係ない

恋愛はしないけど友だちは大切

れていないように思う。

　ドラマやアニメでも「恋愛」のすばらしさをうたっている作品は多いけど、そういうものがピンとこないので、さみしくなったり、不安になったりすることもあるかもしれない。でも「恋をしたい」という気持ちは、べつに全員にとってのあたりまえではなく、そういう気持ちをもっている人が多いだけなんだ。だからそのことで自分をおかしいと思う必要はないよ。

ぼうけんのスキルカード

ハート・ライト

「愛情」とか「だれかを思う心」には、人それぞれいろんな色がある。燃えるようなはげしい色もあれば、友情のようにゆるやかでおだやかな色もある。それを照らしてくれるライト。

はなす　レベルが　あがった ▼
ちしき　レベルが　あがった ▼

レベルアップヒント

身を守るために恋愛をさけることもある

　「恋愛的なつながり」についての興味がわかなかったり、性的なものがいやだという気持ちが強いことの原因として、その人は過去に、「トラウマ」を受けている場合がある（→ 25、26 ページ）。とても深い心の傷によって、自分の心そのものが、自分の身を守るために性的なものを遠ざけようとしている、という反応があるんだ。もし思いあたることがあるようなら、お医者さんやカウンセラーさんなどの専門家との相談が必要だと思う。

なんとなく男の人には近づきたくないな……。

SCENE シーン 12

大切な人が亡くなってしまった……

大災害で大好きなおばあちゃんが亡くなってしまった。とてもつらくて、なにをしていても楽しい気持ちになれない。

☞ 1 なにもしないまますごす

☞ 2 無理やり気分転換してみる

☞ 3 受け止めてくれるだれかに気持ちを話す

☞ はなす
たよる
☞ ちしき
にげる

ぼくならこれをえらぶ！ ☞ 3 受け止めてくれるだれかに気持ちを話す

悲しみとしっかり向き合おう

今、きみの心の中では、いろんな気持ちがぐるぐるとめぐっているのだと思う。おそらく、その中でいちばん大きなものは「悲しい」という気持ちなんじゃないかな。

「悲しい」という気持ちは、それを感じることが苦しいし、まわりに心配をかけてしまうと思って、平気なフリをして、おさえこんでしまう人も多い。なにかつらいことがあって泣いているときに、まわりの大人に「泣いてもしょうがない」「悲し

んでいる場合じゃない」「もっと強くなろう」などといわれると、悲しい気持ちをもってはいけないと思ってしまうかもしれない。でもそれは、大きなかんちがいだ。

「感情」というのは、ぼくたちに大切なことを教えてくれるんだ。「悲しい」という気持ちは、きみが大切なものを失ってしまったというサインなんだ。

悲しい気持ちが大きいということは、きみがその人のことを本当に大切に思っていたということだ。だから、悲しいと感じたら、心の底から思いっきり悲しむことが、正しいことなんだ。それをせずにほうっておくと、まるで毒のトゲがずっとささっているように、ずっと心にダメージを受け続けてしまう。いつまでも、やる気や前向きな気持ちが出なくて、つらさが長引いてしまうことがある。そして、その悲しみは、バクダンのように、しばらく時間がたったあとや大人になってから、きみの心に大ダメージを与えることもある。だから、必要なときにしっかり悲しむということは、大切なことなんだ。

できれば、ひとりで悲しむよりも、その気持ちをだれかに話して、受け止めてもらえるともっといい。その人との思い出のものにふれたり、お別れの手紙を書いてあげるのもい

いだろう。心にフタをせずに、悲しい気持ちをしっかりと「感じきる」ことができれば、自然と悲しみ以外のほかの気持ちも出てきやすくなるよ。

それに、ぼくは悲しみという気持ちを、悪いものだと思っていない。悲しみという気持ちを経験することでしか、わからないことがあると思う。大きな悲しみを経験した人間というのは、すごく大きな成長をするといわれている。ぼくにも、そういう経験がいくつかある。悲しみという気持ちは、つらく苦しいものではあるけど、悲しむことを通して得られるものがあって、それは人生をゆたかにしてくれるものでもあると思うんだ。

> はなす　レベルが　あがった　▼
> ちしき　レベルが　あがった　▼

感じてはいけない感情はない

感情には、いろんなものがある。プラスの感情（たとえば、しあわせやよろこび）は、表現するとまわりによろこばれやすい。プラスの感情とくらべて、マイナスの感情（たとえば、悲しみや怒りや不安）は、表現するとまわりをこまらせてしまうことがある。マイナスの感情をもつことは悪いことで、それをだれかに話すのは、弱い人間だと思っている人がいる

かもしれない。でもぼくは、そうじゃないと思っている。

感情にはすべて役割があって、いらない感情はひとつもないんだ。それがたとえマイナスのものであっても、自分の感情をみとめて、素直に表現できることのほうが、悲しくないフリやおこっていないフリをすることよりも、強いことなんじゃないかと思う。

がんばる意味が
わからないきみへ

努力が足りない、がんばれない。

今きみは、そんなふうにいわれているかもしれない。

きみ自身も、「がんばり」が足りないと思っているかもしれない。

がんばることの意味が、ぜんぜんわからないと思っているかもしれない。

がんばれる人は、なぜがんばれるのだろう。

ぼくが思うのは、明日のためにがんばれる人は

明日はもっといい日になるという

「希望」がある人だけだ。

今がつらすぎて、生きているのがやっとだ、という人が

明日が楽しみだという気持ちをもつなんて、

むずかしすぎる。

明日なんてこなければいい、と思うほうが、

よっぽど自然だ。

だから、そう思うことが悪いことだなんて、

まったく思わない。

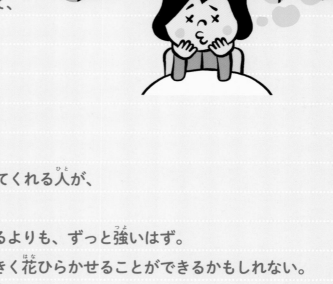

でも、そんな日々を、

きみが今生きているということは

本当にすごいことだ。

それが、どれだけすごいことかに気づいてくれる人が、

たまたま、きみのまわりにいないだけで、

きみの生きるチカラは、きみが思っているよりも、ずっと強いはず。

ここではないどこかで、そのチカラを大きく花ひらかせることができるかもしれない。

その可能性の芽は、つまれていないし、

だれにもうばうことはできない。

きみがいるところが、世界のすべてではない。

そこはせまく閉じられた、「闇の世界」なのかもしれない。

海をわたったところに、まったくちがう世界がある。

でも、今のきみには、海をわたる手段がかぎられている。

だから、そのチカラがきみに身につくようになるまでは

この世界で生きる意味があるのかどうかを判断するのを待ってほしいんだ。

ここではない世界を求める方法。

それは「ものがたり」の中にもある。

きみが今生きている世界にも、いろんな本や、アニメやマンガ、作品たちがあるだろう。

その中にきみの痛みや、つらさと同じものを、

かかえている人がいるかもしれない。

きみが本当に生きてみたい世界や、

求めたい「なにか」のヒントが見つかるかもしれない。

そうやって、作品の中に「自分」を見つけながら

生きてきた人をぼくは知っている。

きみはひとりじゃない。

それを伝えたくて、ぼくはこの本を書いたんだ。

エピローグ

これが、このシリーズの最後のメッセージになる。

これまでぼくは、生きることがとてもつらくて、
「自分なんか生きていないほうがいい」と思っている人とふれ合ってきた。

「だれもわかってくれない」という気持ちと、
「だれかにわかってほしい」という気持ち、
「だれも信じられない」という気持ちと、「だれかを信じたい」という気持ち、
「生きていたくない」という気持ちと、「生きる意味を探したい」という気持ち、
そのふたつをかかえて、苦しみながら、今日という日を生きている。

そのすがたを見て、ぼくはよくわからない気持ちにゆり動かされる。
ひとりの人間として、「生きる」ということを、本気で考えさせられる。
正直いって、「生きる」っていうことがどういうことか、ぼく自身もわかっていない。
でも、そうやって「生きる」ことをえらんでいる人から、
受けとっているものがいっぱいある。
ぼくが生きるうえで、欠かせないものになっている。

その人たちは、自分の心のよりどころとなるものをもっていたように思う。
それは、文章を書くことであったり、絵を描くことであったり、
物語を読むことであったり、音楽をかなでることであったり、いろいろだった。
だれのためでもなく、ただ自分のためだけに、それをしていたんだ。
きっとそれは、生きるためにどうしても必要なことだったんだろうと思う。

人間が芸術にふれようとするのは、「生きるため」だとだれかがいっていた。
きっと、わかってくれる人や信じられる人がいない中であっても、
ただ自分だけが「いいな」「美しいな」と感じられるものを、
たぐりよせるようにして、自分のよりどころにしようとしていたんじゃないか。
そうやって、自分だけが信じられる「本当のこと」を探そうとしていたんじゃないか。
そんなふうに思うんだ。

「生きる」ということは、自分の中にある「本当のこと」を
つかんでいくことなのかもしれない。
きみは、これからも、いろいろな人や世界や作品とふれ合い、
言葉や、色や、音にふれていくと思う。
ときには、目や耳をふさぎたくなるようなこともあるかもしれない。
でも、きっといつか、きみ自身の心の中の「なにか」が動くときがあるはずだ。
それは、本当に大切な、きみだけの「本当のこと」だ。
どうか、大事にしてあげてほしい。
絶対に、ほかの人に明けわたさずに、育てるように、とぎすませてあげてほしい。

この本を書くのは、ぼくにとって、すごくむずかしいことだった。
最初の文章を書く前に、「この本を読む人はどんな人だろう」と考えて、
ある友だちのことを思いうかべた。
その子は、とてもするどくて、いろんなことがわかっているので、
きっとぼくが本当に思っていないことや、うわべでものをいっても、
見透かされてしまうだろうと思った。
だから、どんなことであっても、自分の言葉で話すということを、心に決めていた。
それで、思ったより書くのに時間がかかってしまった。
でも、ぼくの中にある「本当のこと」に、少しだけ近づくことができたと思う。

ぼくもまた、自分の中の本当の言葉で、生きていけるようになりたい。
自分というクエストを生きようとしている途中なんだ。

このシリーズを通して、「あなた」とお話しができたとしたら、
心からうれしいなと思う。
読んでくれて、本当にありがとう。

相談窓口

こまったときや心が苦しいとき、だれかに話を聞いてほしいときなど、相談にのってくれる窓口を紹介するよ。

24時間子供SOSダイヤル

0120-0-78310 （無料・24時間）

地域の教育委員会の相談機関につながっていて、いじめやこまったことなど、子どもの悩みをいつでもなんでも相談できるよ。

チャイルドライン

0120-99-7777 （無料・毎日 16:00 ～ 21:00）
※年末年始はお休み

https://childline.or.jp

18歳までの子どものための相談窓口。名前や学校名などをいわなくても相談できて、どうしたらいいかいっしょに考えてくれる。チャット相談もあるよ。

Mex（ミークス）

10代のための相談窓口まとめサイト

https://me-x.jp/

家族や友だちの問題など、悩みを相談できるサイトだよ。

子どもの人権110番

0120-007-110 （無料・平日 8：30 ～ 17：15）

いじめや虐待など、子どもがかかえる人権問題を解決するために相談を受けつけているよ。全国の法務局につながるよ。

違法・有害情報相談センター

https://ihaho.jp/

インターネット、SNS上での書きこみ、画像、動画などでトラブルが起きたときに、どうすればよいかアドバイスしてくれるよ。

性犯罪被害相談電話（全国統一）

#8103 （無料・24時間）
（シャープハートさん）

各都道府県警察の性犯罪被害の相談電話窓口につながるよ。

おすすめの本

自分を守るための知識をふやすヒントになるような本で、おすすめのものを紹介するね。

おすすめの作品
『ドラゴンクエスト ダイの大冒険』
三条陸・原作　稲田浩司・漫画　堀井雄二・監修　（集英社）

ぼくがもっとも影響を受けた最高の物語。この本からもらった「勇気」が、今でもぼくの中に息づいていて、つらいときにチカラをくれる。

おすすめの作品
『茨木のり子詩集　落ちこぼれ』
茨木のり子・著　水内喜久雄・選・著　はたこうしろう・絵（理論社）

人間の生き様があらわれた「本当の言葉」は、とても大きなチカラをもつ。そうした言葉の重みを感じられたら、人を信じようとするときの、大きなヒントになると思う。

おすすめの作品
『夜と霧 〔新版〕』
ヴィクトール・E・フランクル・著　池田香代子・訳（みすず書房）

生きることや、苦しみについて、深く問いかけてくれる、ものすごい本。少しむずかしいけど、人生のどこかで一度はふれてみてほしい。

多様性についてもっと知りたいとき
『ぼくはイエローでホワイトで、ちょっとブルー』
ブレイディみかこ・著（新潮社）

「ちがう」ということの中で、どう生きていけばいいのかのヒントをくれる本。

トラウマについてもっと知りたいとき
『赤ずきんとオオカミのトラウマ・ケア 自分を愛する力を取り戻す〔心理教育〕の本』
白川美也子・著（アスク・ヒューマン・ケア）

トラウマの仕組みや、そこから回復する道すじをしめしてくれる。まずは自分に起こったことを知るために、読んでみてほしい。

つらい自分を助ける方法をもっと知りたいとき
『10代から身につけたい ギリギリな自分を助ける方法』
井上祐紀・著（KADOKAWA）

いろんなつらさに向き合うためのヒントを、井上先生がやさしい言葉で教えてくれる。

さくいん

著者 鈴木裕介（すずき ゆうすけ）

2008年高知大学卒。内科医として高知県内の病院に勤務後、一般社団法人高知医療再生機構にて医療広報や若手医療職のメンタルヘルス支援などに従事。2015年よりハイズに参画、コンサルタントとして経営視点から医療現場の環境改善に従事。2018年「セーブポイント（安心の拠点）」をコンセプトとした秋葉原内科 save クリニックを高知時代の仲間と共に開業、院長に就任。また、研修医時代の近親者の自死をきっかけとし、ライフワークとしてメンタルヘルスに取り組み、産業医活動や講演、ＳＮＳでの情報発信を積極的に行っている。主な著書に『メンタル・クエスト 心のHPが０になりそうな自分をラクにする本』（大和出版）、『我慢して生きるほど人生は長くない』（アスコム）などがある。

自分を守るクエスト ③ソーシャル編

2022 年 3 月 2 日 初版第 1 刷発行

著　者　鈴木裕介
発行者　西村保彦
発行所　鈴木出版株式会社
　　　　〒 101-0051
　　　　東京都千代田区神田神保町 2-3-1　岩波書店アネックスビル 5F
電　話　03-6272-8001　ファックス　03-6272-8016　振替　00110-0-34090　ホームページ　http://www.suzuki-syuppan.co.jp/
印　刷　株式会社ウイル・コーポレーション

協力　●　伊賀有咲　新川瑤子
　　　　　大久保佳奈　竹内絢香
　　　　　土門 蘭
装丁・本文デザイン　●　mogmog Inc.
イラスト　●　なかさこかずひこ！
校正　●　株式会社 夢の本棚社
編集　●　株式会社 童夢